Vai começar a Brincadeira
Natureza e Sociedade

NOVA EDIÇÃO

1 Ciências História Geografia

Margaret Presser
Bacharel em Comunicação Social
Especialista em Educação Infantil e Mestre em Ciências da Comunicação
15 anos de experiência no trabalho de pesquisa e desenvolvimento de livros didáticos

Sorel Silva
Bacharel e Licenciada em Língua Portuguesa
Professora de Língua Portuguesa no ensino fundamental
Professora de Literatura no ensino médio

Arnaldo Rodrigues
Bacharel em Ciências, Licenciado em Ciências, Matemática e Pedagogia
Assessor de Metodologia da Matemática em escolas das redes públicas e particular
Assessor de alfabetização de jovens e adultos em escolas da rede pública

2009

Todos os direitos de edição reservados à
Editora FTD S.A.

Matriz: Rua Rui Barbosa, 156 – Bela Vista
São Paulo – SP – CEP: 01326-010
Caixa Postal: 65149 – CEP: 01390-970
Tel.: (0XX11) 3253-5011 – Fax: (0XX11) 3284-8500, r. 298
Internet: http://www.ftd.com.br
E-mail: exatas@ftd.com.br

Editora
Rosa Maria Mangueira

Assessoria
Marcelo Viktor Gilge,
Poliana Fenerich Asturiano

Revisão
Alessandra Maria R. da Silva, Cibely Aguiar
de Souza, Fernanda Kupty, Juliana Valverde,
Lia Farah, Yara Afonso

Iconografia
Coordenação: Sônia Oddi
Pesquisa: Daniel Cymbalista
Assistência: Cristina Mota

Edição de arte / Projeto gráfico
Maria Paula Santo Siqueira

Capa
Carlos Augusto Asanuma
Ilustração: José Luís Juhas

Ilustrações
Ilustra Cartoon

Editoração eletrônica
Digitação: Maria Lamano
Diagramação: Andréa Medeiros da Silva
Imagens: Ana Isabela Pithan Maraschin
Eziquiel Racheti
Oséias Dias Sanches
Coordenação: Carlos Rizzi
Reginaldo Soares Damasceno

Dados Internacionais de Catalogação na Publicação (CIP)
(Câmara Brasileira do Livro, SP, Brasil)

Presser, Margaret
 Vai começar a brincadeira : natureza e sociedade :
ciências, história, geografia, 1 / Margaret Presser, Sorel
Silva, Arnaldo Rodrigues. — São Paulo : FTD, 2009. —
(Coleção vai começar a brincadeira)

 Nova edição.
 Suplementado pelo manual do professor
 ISBN 978-85-322-7135-8

 1. Ciências (Educação infantil) 2. Geografia (Educação
infantil) 3. História (Educação infantil) I. Silva, Sorel. II.
Rodrigues, Arnaldo. III. Título. IV. Série.

09-04615   CDD-372.21

Índices para catálogo sistemático:

1. Ciências : Educação infantil   372.21
2. Geografia : Educação infantil   372.21
3. História : Educação infantil   372.21

Olá, amiguinho! Vai começar a brincadeira!

Neste livro você vai desenhar, pintar, recortar, colar, pesquisar...

Vai também cantar, dançar, ouvir e contar histórias.

Participar das situações, discutir soluções, dar opiniões e, assim, aprender muitas coisas...

Divirta-se!

Sumário

CIÊNCIAS

atividade inicial 6
família 7 e 14
gosto pessoal 8
diferenciação sexual 9
características pessoais 10
corpo humano 11
saúde 12, 13 e 15
educação ambiental 16, 28 e 29
animais 17 a 19, 21, 22, 25 e 26
vegetais 23 e 24
recursos naturais 27
ambiente 30

HISTÓRIA

identidade 31 a 33
família 34 a 37
vizinhança 38 e 39
escola 40 a 43
trabalho 44 a 46
meios de comunicação 47 a 49
meios de transporte 50 a 52
educação para o trânsito 53 a 55
arte e cultura: circo 56
arte e cultura: museu 57
arte e cultura: pintura 58

FESTAS E DATAS COMEMORATIVAS

Carnaval 59
Páscoa 60
Dia Nacional do Livro Infantil (18 de abril) 61
Dia do Índio (19 de abril) 62
Descobrimento do Brasil (22 de abril) 63
Dia do Trabalho (1º de maio) 64
Dia das Mães (2º domingo de maio) 65
Dia Mundial do Meio Ambiente (5 de junho) 67
Festa Junina 68
Dia dos Pais (2º domingo de agosto) 69
Dia do Folclore (22 de agosto) 71

Dia da Independência (7 de setembro) **72**
Dia da Árvore (21 de setembro) **73**
Dia da Criança (12 de outubro) **74**
Dia do Professor (15 de outubro) **75**
Dia da Bandeira (19 de novembro) **77**
Natal (25 de dezembro) **78**

GEOGRAFIA

espaços de lazer **79 a 82**
procedimentos: observação **83 e 84**
procedimentos: registro **85, 86 e 96**
tempo: dias e noites **87 a 90**
transformação **91**
trabalho **92 a 95**
relevo **97 e 98**
hidrografia **99**
educação ambiental **100**
localização: dentro **101**
localização: fora **102**
localização: entre **103**
alfabetização cartográfica: proporção **104**
alfabetização cartográfica: sentido e direção **105**

JOGOS VERBAIS

parlendas e brincadeiras populares **15, 18 e 105**
trava-línguas **48 e 96**
adivinhas **11, 14, 35, 36, 40, 47, 52, 54, 60, 85 e 87**
poemas e quadrinhas **12, 23, 24, 69, 79, 83 e 94**
ditados populares **32**
músicas **8, 13, 28 e 97**
músicas do cancioneiro popular **21, 34, 44, 55, 93, 98, 102 e 103**

MEUS EXPERIMENTOS

1. cobra de ímã **106**
2. flutua ou não flutua? **107**
3. sombras diversas **108**
4. megafone **109**
5. balão cantor **110**
6. canudinhos de papel **111**

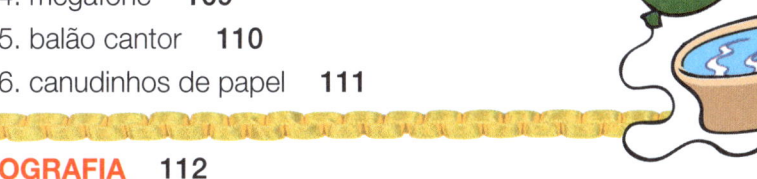

BIBLIOGRAFIA **112**

CIÊNCIAS

Hoje é dia de festa na casa de Pedro e Mariana.
Pinte a cena com capricho.

Cubra o pontilhado e veja o presente que Pedro deu para Mariana.
Depois pinte.

Circule o seu brinquedo preferido.
Pinte tudo bem bonito.

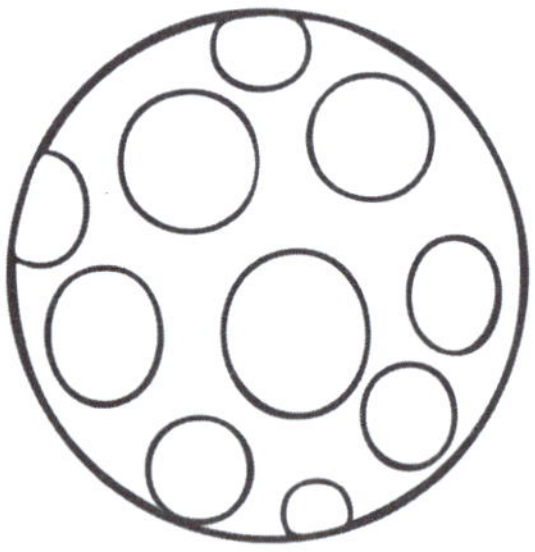

VOCÊ CONHECE ESTA MÚSICA?

A BICICLETA

SOU EU QUE TE FAÇO COMPANHIA POR AÍ
ENTRE AS RUAS, AVENIDAS, NA BEIRA DO MAR
EU VOU COM VOCÊ COMPRAR E TE AJUDO A CURTIR
PICOLÉ, CHICLETES, FIGURINHAS E GIBI

Trecho da música "A bicicleta", de Toquinho.

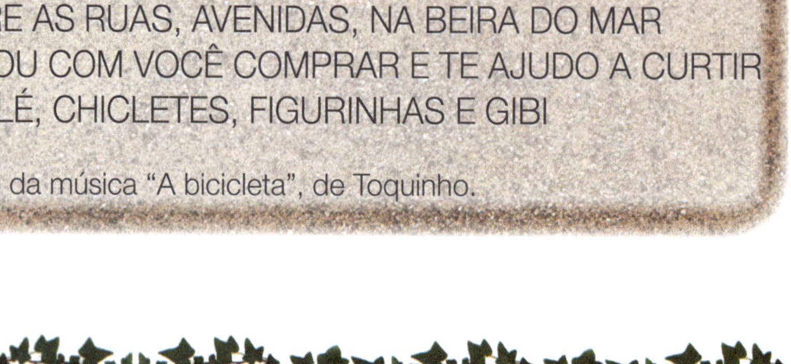

Complete e pinte a figura que representa você.

Cole figuras de várias pessoas.
Depois observe as figuras:

- O que é igual?
- O que é diferente?

Que partes do corpo estão sendo mais utilizadas em cada esporte?

O QUE É, O QUE É?
ANDA DEITADO E DORME EM PÉ.

Desenhe pessoas fazendo ginástica.

O lanche está uma delícia!
Marque cada fruta com um X.

BATATINHA, QUANDO FRITA,
SE ESPARRAMA NA MARMITA.
TODO MUNDO, QUANDO GRITA,
GRITA FEITO UMA CABRITA.

Você conhece uma quadrinha parecida com essa?

Pinte o caminho que Ana vai fazer para pegar seus produtos de higiene.

RATINHO TOMANDO BANHO

TCHAU, PREGUIÇA
TCHAU, SUJEIRA
ADEUS, CHEIRINHO DE SUOR
OH...
LAVA, LAVA, LAVA
LAVA, LAVA, LAVA
UMA ORELHA, UMA ORELHA
OUTRA ORELHA, OUTRA ORELHA

Trecho da música "Ratinho tomando banho", de Hélio Ziskind.

  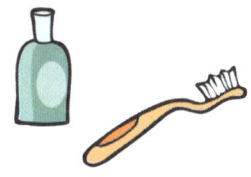

Pinte a cena e responda: quantas pessoas esta família tem?

QUEM É O PAI DO MEU PAI?

Como será que Duda se machucou?
Diga o que acha e depois pinte.

> UAI, UAI, UAI!
> QUEM TROPICA TAMBÉM CAI.
> TROPIQUEI NO PÉ DA MÃE,
> FUI PARAR NO PÉ DO PAI!

Que perigo!
O peixinho Rodolfo encontrou lixo no rio!
Circule o lixo.

Quantos seres vivos há no mar!

ESTRELA-DO-MAR   CAVALO-MARINHO   GOLFINHO

Encontre na cena os seres vivos que aparecem nas fotos e pinte-os.

Borboleta, joaninha, minhoca e caracol são animais que costumam aparecer no jardim.

Recorte as figuras da página seguinte e cole-as aqui. Se quiser, desenhe outros animais.

— MINHOCA, MINHOCA,
ME DÁ UMA BEIJOCA.
— NÃO DOU, NÃO DOU.
— ENTÃO EU VOU ROUBAR...
SMAAACK!
— MINHOCO, MINHOCO,
VOCÊ ESTÁ FICANDO LOUCO.
BEIJOU DO LADO ERRADO,
A BOCA É DO OUTRO LADO!

Tradição popular

Que tal pintar as figuras antes de recortar?

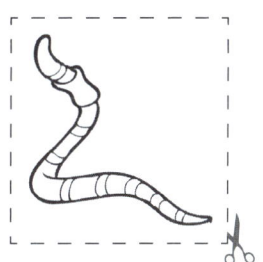

Os passarinhos fizeram um belo ninho na árvore!
Que tal pintar o desenho?

REPIU, PIU, PIU

REPIU, PIU, PIU
CANTA O PASSARINHO
CANTA O PASSARINHO
MAL O SOL SURGIU
REPIU, PIU, PIU
REPIU, PIU, PIU
REPIU, PIU, PIU
PIU, PIU, PIU, PIU

Música do cancioneiro popular

Pinte o que cada animal come.

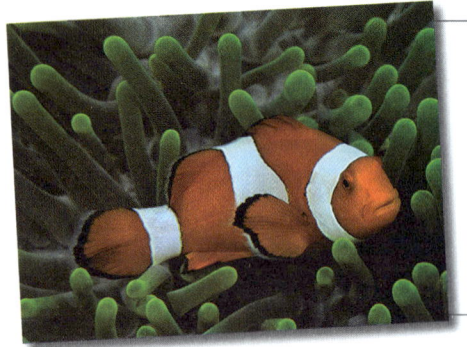

 PASTOR ALEMÃO
 COCKER
 DÁLMATA
 LABRADOR

Veja as partes de uma planta.

← FOLHAS

← CAULE

← RAIZ

FLORES

FRUTOS

ROSEIRA, DÁ-ME UMA ROSA,
CRAVEIRO, DÁ-ME UM BOTÃO.
MENINA, DÁ-ME UM ABRAÇO,
QUE EU TE DOU MEU CORAÇÃO.

Quadrinha popular

Pinte as flores.

23

Os quadros estão fora de ordem!

As rosas estavam fechadas e depois se abriram.

Circule o que aconteceu primeiro.

SUBI NA ROSEIRA
QUEBREI UM GALHO
SEGURA, MORENA,
SENÃO EU CAIO.

Quadrinha popular

 BOCA-DE-LEÃO  ONZE-HORAS

BRINCO-DE-PRINCESA

Como você era, quando bebê?
Você tomava mamadeira? Usava chupeta?
Conte para os colegas o que você sabe.
Cubra com o giz de cera o caminho do bebê até a mamadeira.

Estes animais mamam quando pequenos.
Qual é a mãe de cada um?
Ligue com lápis de cor.

A água forma os rios, mares e oceanos.
Explique a importância da água em cada cena.
Depois, pinte os desenhos.

Nossa! Que sujeira! Circule o lixo que está deixando a praia tão feia.

SABE O QUE É QUE FAZ
SEREIA EM ALTO-MAR?
DEPOIS QUE SE PENTEIA
PÕE-SE A CANTAR

PASSA UM MARINHEIRO
OUVE O CANTO
E VAI ATRÁS

Trecho da música "Marchinha da sereia", de Luiz Tatit e Hélio Ziskind.

Você sabe evitar o desperdício?
Conte o que você sabe e pinte as cenas.

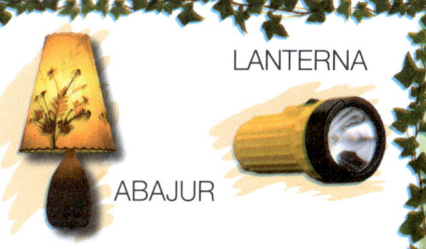

O dia está quente e ensolarado.
Que tal pintar a cena com cores bem alegres?

HISTÓRIA

Marque com um **X**:

- Você é menino ou menina?

- Qual a cor do seu cabelo?

      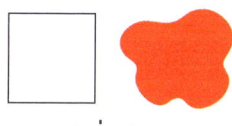   

castanho   loiro   ruivo   preto

Desenhe você.

Cada um tem um jeito de ser.

Uns gostam de 🟡, outros preferem 🔵.

Para contar um pouco sobre você, marque com ✗ o que você prefere em cada fileira.

Se achar melhor, desenhe no último quadrinho.

"CADA MACACO NO SEU GALHO."

Que tal desenhar sua mão?
Faça assim:

Enfeite seu desenho como quiser.

Veja como as famílias são diferentes:

VOCÊ CONHECE ESTA MÚSICA?
SE NÃO CONHECE, APRENDA:

BATE PALMINHA, BATE
PALMINHA DE SÃO TOMÉ
BATE PALMINHA, BATE
PRA QUANDO PAPAI VIER.

Cancioneiro popular

Desenhe sua família.

Complete e pinte o desenho da família de Lili.

ADIVINHE, SE PUDER:

O QUE É, O QUE É?

TEM NOME E SOBRENOME, MAS NÃO É GENTE.

De quem são as sombras?
Ligue cada figura à sua sombra.

O QUE É, O QUE É?
PASSA PELA ÁGUA E NÃO SE MOLHA
ANDA PELO SOL E NÃO SE QUEIMA

Dudu tem um livro sobre uma família de elefantes.
Pinte os elefantes com giz de cera.

Marque com um X o filhote de elefante.

André está brincando com os vizinhos.
Trace as linhas e pinte a cena.

André

Veja esta história sobre dois vizinhos:

Invente uma história sobre vizinhos e desenhe.

39

Pinte o caminho que as crianças farão até a escola.

O QUE É, O QUE É?
FOI FEITA PARA ANDAR MAS NÃO ANDA.

40

Circule o material que você usa na escola.

41

Veja o que as crianças trouxeram de lanche para a escola. Circule o que é igual.

42

MAÇÃ   BANANA   ABACATE   LIMÃO   MORANGO

A classe de Chico fez uma excursão ao zoológico.
Pinte os desenhos que a turma fez.

ELEFANTE   GIRAFA   LEOPARDO   LEÃO

43

Ligue cada trabalhador ao seu local de trabalho.

NA PONTE DA VINHAÇA

LÁ NA PONTE DA VINHAÇA } Bis
TODO MUNDO PASSARÁ.
AS LAVADEIRAS FAZEM ASSIM,
AS LAVADEIRAS FAZEM ASSIM,
ASSIM, ASSIM,
ASSIM, ASSIM,
ASSIM, ASSIM.

Música do cancioneiro popular (trecho)

44

Qual dos detalhes abaixo pertence à figura?

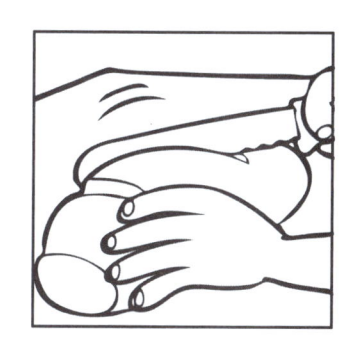

45

Há muita coisa estranha por aqui!
Circule o que está estranho na cena.

Quantas coisas você circulou? Mostre com os dedos.

46

Que aparelho você pode usar para conversar com uma pessoa que está longe?

Pinte as partes que têm um pontinho e descubra qual é esse aparelho.

O QUE É, O QUE É?

FALA E OUVE,
MAS NÃO É GENTE.

Pinte os meios de comunicação que você conhece.

Pergunte aos seus pais ou avós: que meios de comunicação eles usavam quando eram crianças?

APRENDA ESTE TRAVA-LÍNGUA:

— ALÔ, O SEU TATU TAÍ?
— NÃO, O SEU TATU NÃO TÁ.

O cartão ao lado é usado para fazer ligações de telefones públicos.

Que telefone o menino pode usar?

Conte para os seus colegas:
- Você já usou um desses telefones?

Circule os meios de transporte usados nas ruas.

Pinte só os meios de transporte que são usados na água.

51

Marque com um **X** os meios de transporte que você já usou:

O QUE É PRECISO PARA ENTRAR NUM AVIÃO?

Você conhece os sinais de trânsito?
Pinte o semáforo de pedestres nas cores certas.

SÓ ATRAVESSE A RUA NA FAIXA DE PEDESTRES.
PRIMEIRO, ESPERE O SEMÁFORO DE PEDESTRES FICAR VERDE.
OLHE PARA VER SE NÃO VEM NENHUM CARRO.
DEPOIS, ATRAVESSE A RUA COM BASTANTE ATENÇÃO.

Júlia foi passear de carro com Marina.
Marina falou para Júlia:
— Fique no banco de trás e use o cinto de segurança.
Pinte a figura e desenhe mais flores no canteiro.

O QUE É, O QUE É?

NA MATA É UM ANIMAL, NO TRÂNSITO É UM PERIGO E NA CIDADE É UMA PROFISSÃO.

Pense em tudo o que você sabe sobre os cuidados que devemos ter no trânsito e desenhe 1 pedestre e 1 carro nesta figura:

MOTORISTA

MOTORISTA,
MOTORISTA
OLHA A PISTA
OLHA A PISTA
NÃO É DE SALSICHA
NÃO É DE SALSICHA
NÃO É NÃO
NÃO É NÃO

Música do cancioneiro popular

No circo, as crianças se divertem com os palhaços.

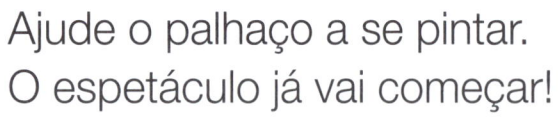

Ajude o palhaço a se pintar.
O espetáculo já vai começar!

56

Natália disse aos seus alunos:

— Hoje vamos visitar o Museu do Brinquedo!

As crianças ficaram animadas:

— Obaaa!!! Iupiii!!!

Pinte o desenho que Lucas fez.

Você já visitou algum museu?
Conte como foi.

Veja a pintura ao lado.
Quem será que fez?

Faça uma pintura com o material que você preferir: giz de cera, lápis de cor...
No final, assine o seu trabalho. Você pode escrever seu nome ou fazer uma marca qualquer.

Joan Miró – *Pintura* 1954. Fundação Joan Miró, Barcelona

FESTAS E DATAS COMEMORATIVAS

CARNAVAL

Pinte a figura com lápis de cor ou giz de cera.

PÁSCOA

Que tal pintar o ovo de Páscoa com capricho?

O QUE É, O QUE É?

TEM ORELHAS BEM COMPRIDAS
E PELOS BEM BRANQUINHOS
DIZEM QUE GOSTA DE CENOURA
ANDA SEMPRE AOS PULINHOS

DIA NACIONAL DO LIVRO INFANTIL
18 de abril

Pinte as capas destes livros infantis.
Depois responda: você conhece algum deles?

DIA DO ÍNDIO
19 de abril

Pense enquanto pinta o desenho:
Será que o índio comemora o Dia do Índio?

DESCOBRIMENTO DO BRASIL
22 de abril

Conte o que o quadro está mostrando.

Depois, complete o desenho da caravela.

Oscar Pereira da Silva – Desembarque de Pedro Álvares Cabral em Porto Seguro, 1500. 1922. MP/USP, SP.

DIA DO TRABALHO
1º de maio

Quantos trabalhos diferentes existem!
Cole aqui algumas figuras de pessoas trabalhando.

DIA DAS MÃES

2º domingo de maio

Pinte a figura com lápis de cor.
Depois, cole bolinhas de papel colorido nos corações.

DIA MUNDIAL DO MEIO AMBIENTE
5 de junho

O Dia do Meio Ambiente é um dia para a gente pensar em cuidar do ambiente.

Desenhe mais flores e pinte a figura.

FESTA JUNINA

Faça mais bandeirinhas para deixar a festa bem bonita!

DIA DOS PAIS
2º domingo de agosto

Faça um cartão para o seu pai ou para um adulto que more com você.

FELIZ ♥ DIA DOS ♥ PAIS ♥

TENHO PENA DE QUEM PRECISA
TENHO PENA DE QUEM NÃO TEM
UMA PESSOA COMO VOCÊ
PARA AMAR E QUERER BEM

DIA DO FOLCLORE
22 de agosto

O boitatá é a cobra gigante do folclore indígena. Ele protege as florestas.

Pinte o boitatá.

DIA DA INDEPENDÊNCIA
7 de setembro

O Brasil ficou independente de Portugal. Com isso, D. Pedro passou a ser imperador do Brasil.

Pinte a coroa.

DIA DA ÁRVORE
21 de setembro

Que tal desenhar mais frutos nesta laranjeira?

DIA DA CRIANÇA
12 de outubro

Desenhe para mostrar o que você gostaria de fazer no seu dia.

DIA DO PROFESSOR
15 de outubro

Que tal dar marcadores de livro para a professora?
Pinte e recorte.
Escreva seu nome no verso.

DIA DA BANDEIRA
19 de novembro

Verde, amarelo, azul e branco são as cores da bandeira do Brasil. Veja o modelo e pinte igual.

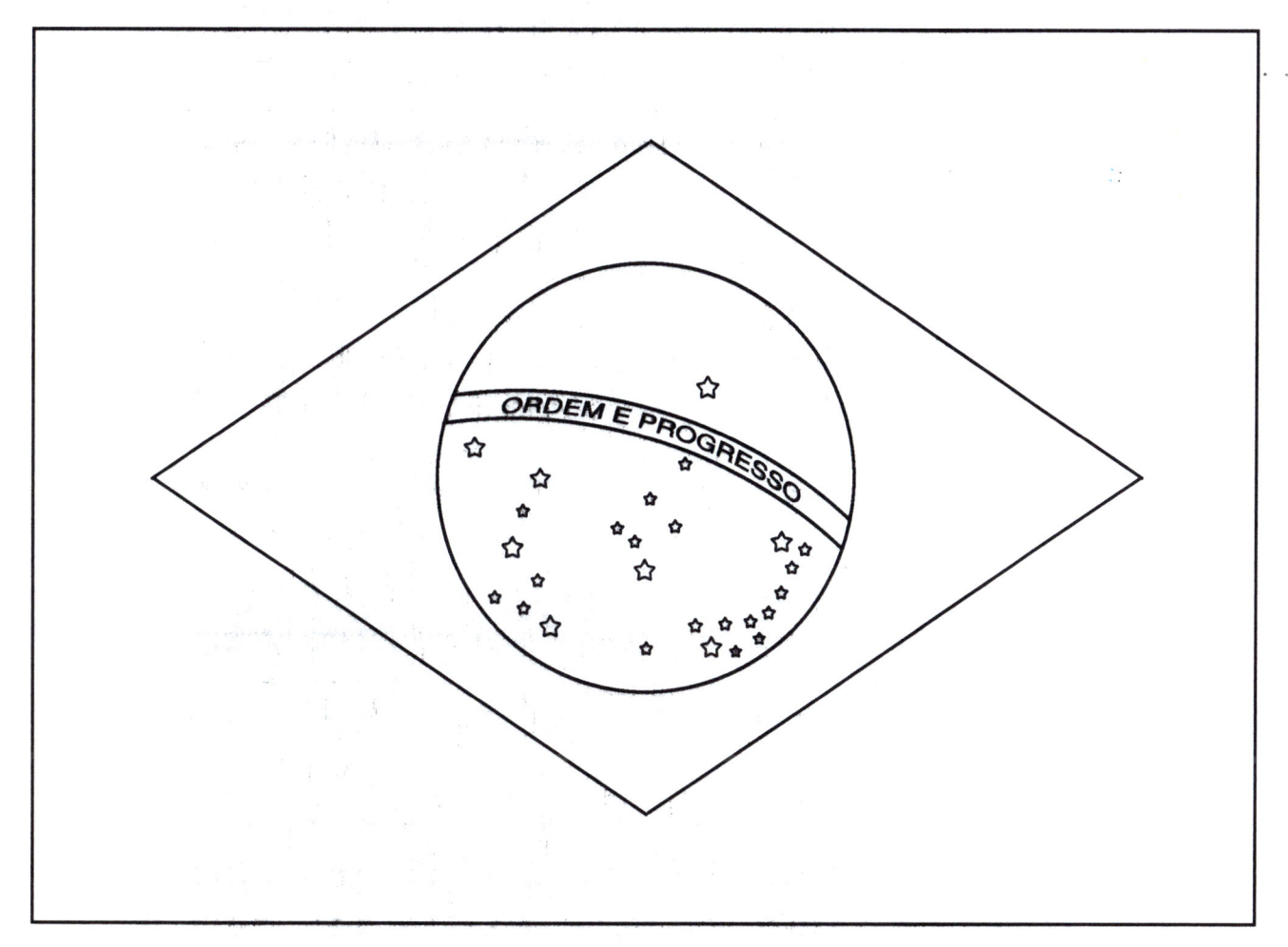

NATAL
25 de dezembro

Você sabe imitar a risada do Papai Noel?
Pinte a figura.

HO, HO, HO!

78

GEOGRAFIA

Lili fez este desenho sobre as férias dela. Vamos pintar o desenho?

DE LONGE EU VI
UM COQUEIRO DO MAR.
O COQUEIRO BALANÇOU
PARA FAZER TÁ-RÁ-TÁ-TÁ.

79

Tiago foi passear no sítio.
Cubra o pontilhado e pinte.

GALINHA PORCO PINGUIM PATO ABELHA

Laura foi ao parque.
Termine de pintar.

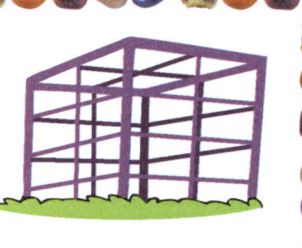

As férias da turma foram divertidas: Lili foi para a praia, Tiago passeou no sítio e Laura brincou no parque.

E você? Aonde gostaria de ir nas férias?

Desenhe para mostrar.

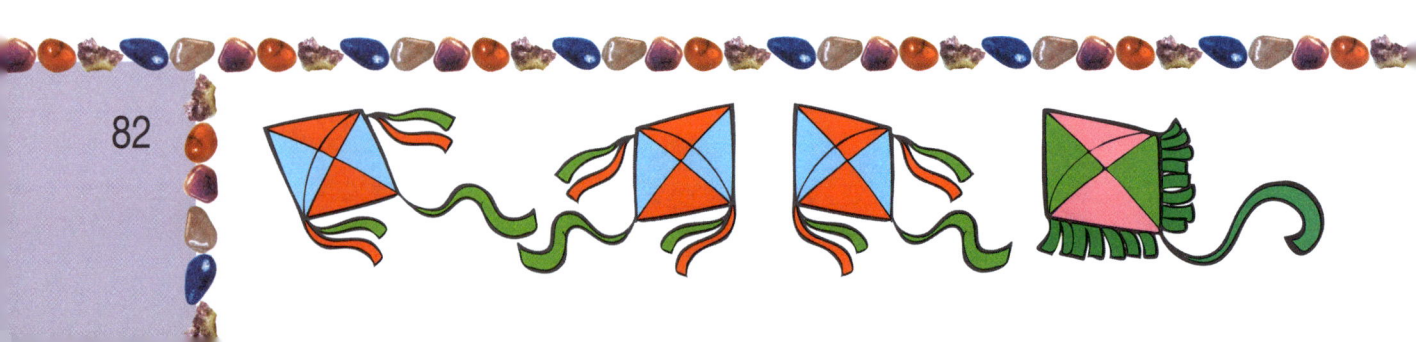

Xiiii! O desenhista estava distraído.
Ele desenhou 4 coisas estranhas nesta cena.
Circule o que está estranho.

PARA VOCÊ APRENDER:

PULA, PULA, PIPOQUINHA.
PULA, PULA SEM PARAR.
E DEPOIS DÁ UMA VOLTINHA
CADA UM NO SEU LUGAR

Estas duas figuras parecem bem diferentes.
Mas há 3 coisas que se repetem nelas.
O que será? Encontre-as e circule.

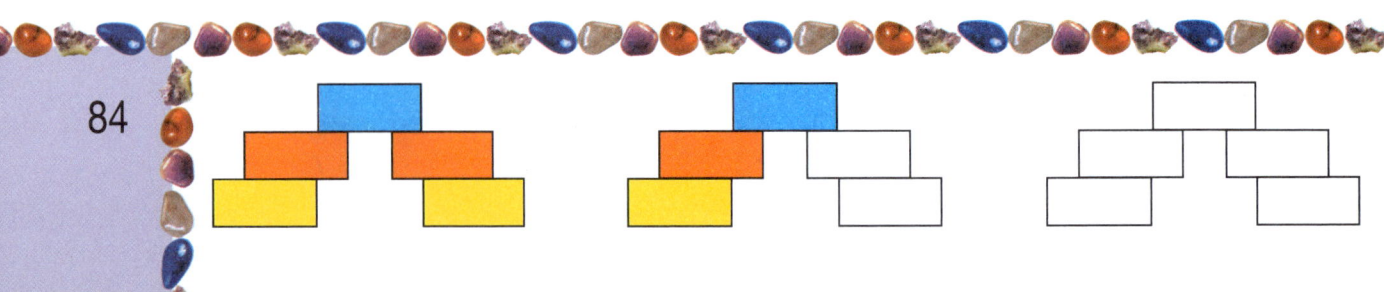

84

Como está o dia hoje?
Olhe pela janela e pinte a figura correspondente.

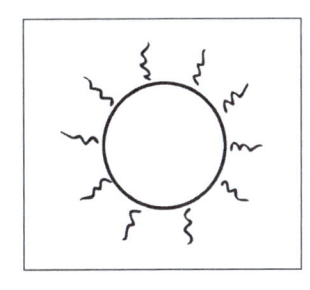

Se preferir, crie outro símbolo:

O QUE É, O QUE É?
UMA ANDA PELA ÁGUA E NÃO SE MOLHA,
OUTRO PASSA PELO VIDRO MAS NÃO QUEBRA.

Ouça o que a professora vai ler.
Pinte o que aparece na história.

De dia, a turma de Teca se encontra para brincar.
Cubra o pontilhado e pinte a cena.

O QUE É, O QUE É?
É GRANDE E REDONDO.
TODA MANHÃ SE LEVANTA,
TODA TARDE SE ESCONDE.

À noite, Teca continua brincando... nos sonhos.
Pinte com capricho.

GALO
PASSARINHO
CORUJA
PATO
MORCEGO

Recorte de revistas e cole aqui figuras que mostrem o dia.

Recorte de revistas e cole aqui figuras que mostrem a noite.

Que diferença há entre as duas figuras?

Veja o que cada trabalhador perdeu.

CADÊ MINHA MALETA?

ONDE ESTÁ MEU REGADOR?

ALGUÉM VIU MEU VIOLINO?

Encontre e pinte no quadro o material de trabalho de cada um.

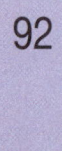

Ouça a música "Pintor de Jundiaí" e marque um X nas figuras das profissões que aparecem na música.

PINTOR DE JUNDIAÍ

TIM, TIM, TIM
QUEM BATE AÍ?
SOU EU, MINHA SENHORA,
O PINTOR DE JUNDIAÍ

PODE ENTRAR E SE SENTAR
CONFORME AS PINTURAS
NÓS IREMOS CONVERSAR

LÁ EM CIMA
QUERO TUDO BEM PINTADO
SÓ PARA AS MOCINHAS
DE SAPATO ENVERNIZADO

LÁ EMBAIXO
QUERO UM PÉ DE LARANJEIRA
SÓ PARA ALEGRAR
O CORAÇÃO DA COZINHEIRA

TIM, TIM, TIM
JÁ DEU SEIS HORAS
ADEUS, MINHA SENHORA,
O PINTOR JÁ VAI EMBORA

Música do cancioneiro popular (trecho)

Qual das profissões abaixo você acha mais interessante? Marque com um X.

Leia este trecho de poema e pense:

- Como é o trabalho de um poeta?

SE ESTA RUA FOSSE MINHA,
EU MANDAVA LADRILHAR,
NÃO PARA AUTOMÓVEL MATAR GENTE,
MAS PARA CRIANÇA BRINCAR.

FONTE: PAES, José Paulo. "Paraíso" (trecho). *Poemas para brincar*. 4. ed. São Paulo, Ática, 1991.

AÇOUGUEIRO

BOMBEIRO

COZINHEIRO

Na sua opinião, que trabalhadores ajudaram a construir esta casa?

Marque com um X.

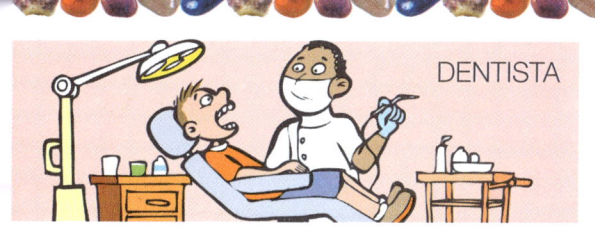

DENTISTA

MOTORISTA

95

Veja que fotos lindas a mãe de Duda tirou quando ele era nenê!

Cole uma foto sua, de quando era nenê. Se preferir, desenhe.

REPITA DEPRESSA:

A BOA BABÁ BEBE LEITE.
O BEBÊ BONZINHO TAMBÉM.

A casa de Léa fica no alto da montanha.
Desenhe mais árvores e pinte a cena.

> ERA UMA CASA
> MUITO ENGRAÇADA
> NÃO TINHA TETO
> NÃO TINHA NADA....
>
> Trecho do poema "A casa",
> de Vinicius de Moraes.

Fonte: MORAES, Vinicius de. *A arca de Noé: poemas infantis*.
16. ed. São Paulo, Companhia das Letrinhas, 1991.

Quem sabe cantar o resto?

Que tal tomar um banho de mar?
Siga a trilha da cidade até a praia.

CARANGUEJO NÃO É PEIXE
CARANGUEJO PEIXE É
CARANGUEJO SÓ É PEIXE
NA ENCHENTE DA MARÉ.

Música do cancioneiro popular (trecho)

Lá vai um barco no rio.
Pinte a cena e imagine: aonde será que ele vai?

Se os peixes falassem, eles diriam:

— Como é possível viver num rio tão poluído?

Desenhe um rio bem limpo, com muitos peixes e plantas.

**Anita está arrumando o quarto.
Ela já guardou alguns brinquedos.
Marque com um X os que estão dentro da caixa.**

Algumas crianças estão brincando de roda.
Circule as crianças que estão fora da roda.

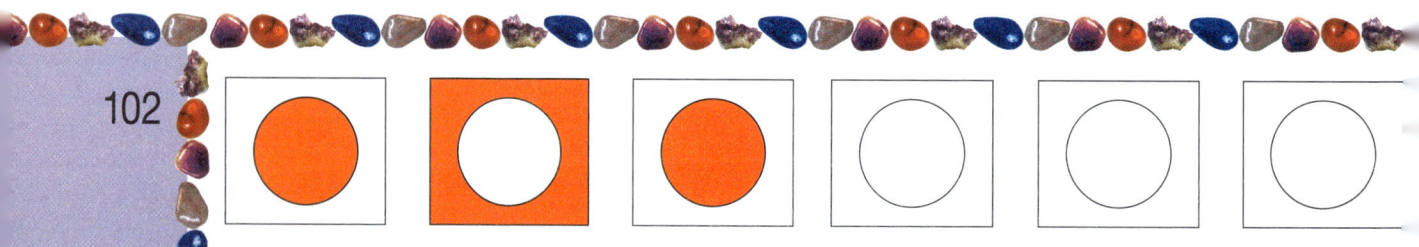

QUE TAL PULAR CANTANDO?
CANTE ASSIM:

A GALINHA DO VIZINHO
BOTA OVO AMARELINHO.
BOTA UM, BOTA DOIS, BOTA TRÊS
BOTA QUATRO, BOTA CINCO, BOTA SEIS
BOTA SETE, BOTA OITO, BOTA NOVE
BOTA DEZ!

Música do cancioneiro popular

Circule a criança que está entre dois adultos.

QUANDO EU ERA NENÊ, NENÊ, NENÊ
EU ERA ASSIM...
EU ERA ASSIM...

Música do cancioneiro popular (trecho)

MARTELO   MALA   MAÇANETA   MACHADO

As roupas das crianças estão misturadas.
Ligue cada criança às suas roupas.

Em cada fileira, marque com um X as crianças que estão olhando para o mesmo lado que a primeira da fila:

ACABOU-SE O QUE ERA DOCE.
QUEM COMEU REGALOU-SE.

MEUS EXPERIMENTOS

EXPERIMENTO 1 — Cobra de ímã

Material necessário
- linha de algodão com cerca de 20 cm de comprimento
- uma presilha metálica do tipo bailarina
- um ímã

Procedimentos
1. Amarre o fio na presilha metálica.
2. Deixe o ímã perto da presilha, sem encostar nela. Movimente o ímã, para que a sua "cobra" se mexa no ar.

Registro
Desenhe aqui o experimento que você fez:

EXPERIMENTO 2

Flutua ou não flutua?

Material necessário
- uma bacia bem larga com água
- objetos de vários tipos: brinquedos plásticos e de madeira, lápis, borracha, tampinhas de plástico, objetos de metal etc.

Para fazer ao ar livre, em um dia ensolarado.

Procedimentos
1. Coloque água na bacia até a metade.
2. Olhe os objetos. Quais você acha que vão afundar? E quais vão boiar?
3. Coloque os objetos na água e veja se você estava certo ou não.

O que os objetos que afundaram têm de diferente dos que boiaram?

Registro
Desenhe aqui o experimento que você fez:

107

EXPERIMENTO 3

Sombras diversas

Para fazer ao ar livre, em um dia ensolarado.

Material necessário
- figuras grandes (mais ou menos do tamanho deste livro) recortadas de cartolina (círculo, quadrado, triângulo).

Procedimento
Segure as figuras de cartolina na direção do chão ou perto de uma parede e veja as sombras.

Por que será que as sombras aparecem?

Registro
Desenhe aqui o experimento que você fez:

EXPERIMENTO 4

Megafone

Material necessário
- um galão de água vazio (5 litros)
- tesoura e fita adesiva grossa

Procedimentos

1 Peça a um adulto para cortar o galão como mostra a figura.

2 Passe fita adesiva na borda da parte maior. O megafone já está pronto!

3 Fale ou cante colocando a boca no buraco pequeno do megafone.

Como fica sua voz? Fica diferente quando passa pelo megafone?

Registro

Desenhe aqui o experimento que você fez:

EXPERIMENTO 5 — Balão cantor

Material necessário
- um balão de festa
- música (CD ou rádio)

Procedimentos

1 Assopre dentro do balão, até que ele fique cheio.

2 Mantenha o balão fechado, segurando a abertura com as pontas dos dedos das duas mãos.

3 Bem devagar, deixe o ar sair. Puxe a boca do balão para os lados, esticando um pouco mais ou um pouco menos, e escute se o som fica mais grave ("grosso") ou mais agudo ("fino").

4 Faça o mesmo enquanto escuta uma música. Tente usar o balão para imitar a música.

Que tal juntar um grupo de amigos e formar uma banda de balões cantores?

Registro
Desenhe aqui o experimento que você fez:

EXPERIMENTO 6

Canudinhos de papel

● Material necessário
- algumas tiras de papel fino, como sulfite.
- um copo de água potável

● Procedimentos

1 Enrole uma tira de papel na diagonal, como mostra a figura.

2 Usando o canudo, chupe um pouco de água, até que o canudo esteja cheio.

3 Com o canudo dentro da água, feche com o dedo a parte do canudo que você pôs na boca.

4 Tire o canudo de dentro da água.

Veja: a água ficará presa no canudo e só cairá quando você soltar o dedo.

● Registro

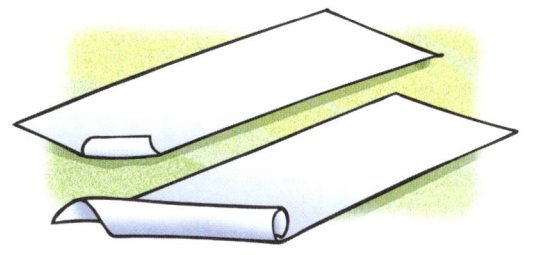

Desenhe aqui o experimento que você fez:

BIBLIOGRAFIA

ADAMS, Ken. *Actividades para ayudar al niño a aprender: desde los 3 hasta los 6 años*. Barcelona, Ceac, 1999.

BRONOWSKI, J. *Ciências e valores humanos*. Belo Horizonte/São Paulo, Itatiaia/USP, 1979.

CARRAHER, T. N. e CARRAHER, D. W. *Aprender pensando*. São Paulo, Vozes, 1984.

CENTURIÓN, Marília; PRESSER, Margaret; SILVA, Sorel; RODRIGUES, Arnaldo. *Jogos, projetos e oficinas para educação infantil*. São Paulo, FTD, 2004.

COLL, César. *Aprendizagem escolar e construção do conhecimento*. Porto Alegre, Artes Médicas, 1994.

DUMONT, Sávia. *O Brasil em festa*. São Paulo, Companhia das Letrinhas, 2000.

FREIRE, Madalena. *A paixão de conhecer o mundo: relatos de uma professora*. Rio de Janeiro, Paz e Terra, 1983.

GARDNER, Howard. *A criança pré-escolar: como pensa e como a escola pode ensiná-la*. Porto Alegre, Artes Médicas, 1994.

KISHIMOTO, Tizuko Morchida. *Jogos tradicionais infantis: o jogo, a criança e a educação*. Petrópolis, Vozes, 1993.

LE GOFF, J. *História e memória*. Campinas, Unicamp, 1990.

PIAGET, J. *O nascimento da inteligência na criança*. 4. ed. Rio de Janeiro, LTC, 1987.

REGO, Teresa Cristina. *Vygotsky: uma perspectiva histórico-cultural da educação*. 12. ed. Petrópolis, Vozes, 2001.

THROOP, Sara. *Actividades preescolares: ciencias físicas y naturales*. 5. ed. Barcelona, Ceac, 1984.

_____. *Actividades preescolares: ciencias sociales*. 4. ed. Barcelona, Ceac, 1982.

_____. *Actividades preescolares: salud y seguridad*. 4. ed. Barcelona, Ceac, 1982.

VYGOTSKY, L. *Pensamento e linguagem*. São Paulo, Martins Fontes, 1989.

Documentos Oficiais

BRASIL. *Estatuto da criança e do adolescente*. Lei nº 8. 069/90, de 13 de julho de 1990. São Paulo, CBIA-SP, 1991.

FUNDAÇÃO PARA O DESENVOLVIMENTO DA EDUCAÇÃO/SECRETARIA DA EDUCAÇÃO DO ESTADO DE SÃO PAULO. *O cotidiano da pré-escola* (Série Ideias, nº 7). São Paulo, FDE, 1990.

MINISTÉRIO DA EDUCAÇÃO E DO DESPORTO/SECRETARIA DO ENSINO FUNDAMENTAL. *Referencial curricular nacional para a educação infantil: introdução*. Brasília, MEC/SEF, 1998, vol. 1.

_____. *Referencial curricular nacional para a educação infantil: formação pessoal e social*. Brasília, MEC/SEF, 1998, vol. 2.

_____. *Referencial curricular nacional para a educação infantil: conhecimento do mundo*. Brasília, MEC/SEF, 1998, vol. 3.

PREFEITURA MUNICIPAL DE SÃO PAULO. *Reorientação curricular das escolas municipais de educação infantil*. São Paulo, 1992.

CRÉDITOS DAS IMAGENS

Antonio Milena/Editora Abril: 100 (rio poluído); **Corel Stock Photo**: 10 (5ª foto da esquerda para a direita), 17 (golfinho), 22 (vaca), 24 (boca-de-leão, onze-horas e brinco-de-princesa), 34 (foto de família numerosa), 50 (moto, navio e avião), 52 (ônibus e canoa), 56 (foto com três palhaços), 94 (bombeiro), 95 (bailarina); **Digital Vision/Getty Images**: 10 (2ª foto da esquerda para a direita), 17 (cavalo marinho), 22 (pássaro e menino), 23 (abelhas no favo), 34 (mãe no sofá com filha e filho); **Fabio Colombini**: 17 (tartaruga saindo do ovo e tartaruguinhas na areia); **Gladstone Campos**: 40 (livro); **Hemera**: 7, 12 (banana), 18 (borboletas), 22 (pastor alemão), 25 (chupeta e mamadeira), 27 (copo, taça e xícaras), 28 (conchas), 29, 30, 32 (barra de chocolate, sorvete, prato com macarronada, bicicleta, bola, rosa e margarida), 33, 34 (furadeira, panela, bolsa e câmera fotográfica), 35 (calçados), 37 (cobra e pássaro), 40 (mochila, caderno e guarda-chuva), 41 (borracha, lápis, chaleira, tesoura e alicate), 42, 43, 44 (estetoscópio e colher de madeira), 48 (2º telefone da esquerda para a direita), 50 (carro), 52 (carro), 57 (boneco e bola), 79 (cadeira de praia), 79 a 105 (pedras coloridas), 80 (pinguim e pato), 83 (lápis), 85 (gorro, jaqueta e luvas), 88 (passarinho e coruja), 92 (maleta e regador), 93 (faca, colher de madeira, ralador e panela), 103 (martelo, mala, maçaneta e machado); **Manoel Novaes**: 77 (bandeira); **Marcus Cappellano**: 32 (cravo); **Marinez Maravalhas Gomes**: 32 (prato com arroz, feijão, carne e batata), 41 (caixa de lápis de cor); **NeoImagem**: 27 (jarra), 32 (brigadeiro), 50 (caminhão); **PhotoDisc/Getty Images**: 4 (fundo de areia), 6 a 19 (ramo de folhas), 8 (fundo de areia), 10 (1ª, 3ª e 4ª fotos da esquerda para a direita), 11, 12 (fundo de areia), 13 (fundo de areia), 14 (fundo de areia e gatos), 15 (fundo de areia), 17 (estrela-do-mar), 18 (fundo de areia), 20 (fundo de areia), 21 (fundo de areia), 21 a 30 (ramo de folhas), 22 (peixe, cocker, dálmata e labrador), 23 (fundo de areia, abelha na flor, planta, flores e frutos), 24 (fundo de areia), 25 (menino, moça, senhor e patinho de borracha), 28 (fundo de areia), 31, 32 (prato com arroz, peixe e aspargos), 34 (fundo de areia, pai com 2 filhas no colo e pais com filha lendo), 35 (fundo de areia), 36 (fundo de areia), 37 (gatos), 40 (fundo de areia), 40 (bola), 41 (caderno), 44 (fundo de areia, grifo e rolo), 45 (garçonete, mulher trabalhando, trabalhadora rural, jogadoras de futebol e professora com aluno), 47 (fundo de areia), 48 (fundo de areia, 4º e 5º telefones da esquerda para a direita), 49 (mulheres ao telefone), 50 (ônibus), 52 (fundo de areia, avião, triciclo e trem), 54 (fundo de areia), 55 (fundo de areia), 56 (foto com um palhaço), 57 (caminhão de brinquedo), 60 (fundo de areia), 66 (fundo de areia), 69 (fundo de areia), 70 (fundo de areia), 76 (fundo de areia), 79 (fundo de areia, baldinho, bola e guarda-sol), 80 (galinha, porco e abelha), 83 (fundo de areia, raquete e bola de tênis), 85 (fundo de areia, maiô e botas), 87 (fundo de areia), 88 (galo, pato e morcego), 92 (violino), 93 (fundo de areia e martelo), 94 (fundo de areia, açougueiro e cozinheiro), 95 (pedreiro, encanador e pintor), 96 (fundo de areia e fotos de nenê), 97 (fundo de areia), 98 (fundo de areia), 102 (fundo de areia), 103 (fundo de areia), 105 (fundo de areia); **Projeto Tamar**: 17 (tartaruga botando ovos); **Renato Cirone**: 23 (recipiente com mel); **Rubberball/Getty Images**: 25 (bebê), 45 (dentista); **Sérgio Dotta Jr/The Next**: 44 (enxada), 48 (celular); **Stefan Kolumban/Olhar Imagem**: 52 (carroça); **StockDisc/Getty Images**: 32 (boneca de pano), 34 (computador), 40 (régua), 41 (apontador e gizes de cera), 48 (3º telefone da esquerda para a direita), 57 (corda e ursinho), 83 (borracha); **Tatiana Villa/Casa Fotográfica**: 49 (orelhão).